La numéro

© Shutterstock

« Donne-moi ton nom, ton prénom et ta date de naissance et je te dirai qui tu es et ce que tu peux accomplir. »

Les nombres sont partout présents dans notre vie et dans ce que nous faisons et que pourrions-nous faire sans eux ? Ils font partie de notre vie qu'ils façonnent depuis toujours aux gré de leurs rythmes et de leurs vibrations.

La numérologie se fonde sur le principe que les chiffres possèdent une énergie vibratoire. Elle nous révèle aussi qu'ils n'expriment pas seulement une quantité mais également une qualité.

AEDIS

5 LA RECHERCHE OU LA LIBERTÉ

C'est le nombre de la mobilité et de la liberté d'expression et d'action mais aussi celui de la responsabilité de ses actes. Besoin intense de mouvements, de voyages et de changements. Très hésitant en amour entre la stabilité d'une famille et la quête perpétuelle de l'âme sœur.

En négatif : son pire ennemi est l'orgueil.

Nombre de vie 5

L'individu qui a le **5** en chemin de vie, possède beaucoup d'atouts et de possibilités mais, pour les développer et s'épanouir en donnant le meilleur de lui-même, il devra apprendre à être à l'écoute des autres plus qu'il n'est enclin à le faire. Il devra s'ouvrir aux autres, vaincre son orgueil et sa tendance à l'autoritarisme s'il veut parvenir à se réaliser pleinement et mettre en valeur ses belles qualités tant intellectuelles que charismatiques. Il possède plusieurs cordes à son arc, notamment celle de la créativité. Créer, pour lui, possède quelque chose de quasi « magique », il ne travaille pas pour la gloire mais pour ces instants où, par ses créations, il devient lui-même créateur et s'inscrit dans l'universel. C'est par la bienveillance et la générosité qu'il y arrivera. Avec l'expérience de la vie et les années, il s'épanouira.

Nombre de personnalité 5

Voilà un être qui a besoin de mouvement et d'action et qui fuit par-dessus tout la monotonie. Brillant et doué, il devra cependant veiller à mesurer son orgueil qui peut le desservir grandement.

Nombre d'expression 5

Celui qui possède le **5** en nombre d'expression exerce un réel pouvoir de séduction et d'attraction sur les autres. Il a besoin d'être admiré, écouté et, plus que tout, ne pas passer inaperçu. Un talent grandiose pour comprendre les problèmes des autres mais le *hic* est que les personnes de son entourage se reposent trop souvent sur lui. Un don inné de la communication.

Nombre d'âme 5

Vaincre ses nombreuses contradictions sera le plus grand défi de cet être, s'il veut parvenir à se réaliser pleinement. En véritable hédoniste, il appréciera intensément la douceur de chaque instant volé à l'occasion de ses multiples déplacements car le mouvement est le moteur de cet être. Enfermé dans une cage, il s'éteint.

Nombre de famille 5

Il est exclusif et possessif avec les siens envers lesquels il peut même parfois se montrer autoritaire. Sa famille est généralement grande puisqu'elle englobe aussi tous ses amis.

Nombre d'année personnelle 5

L'année **5** est loin d'être une année calme et de tout repos. De nombreux et grands changements vont entrer dans la vie de l'individu qui la vit. Cette année peut être épuisante mais il faut surtout ne pas se montrer impatient et laisser les événements se mettre en place d'eux-mêmes.

6 LA PERFECTION OU LE CONSCIENCIEUX

Recherche perpétuelle de l'équilibre et de l'harmonie et amour inconditionnel de la beauté. Consciencieux, honnête, organisé dans sa vie et ses activités. Très serviable mais refuse souvent de déléguer afin de pouvoir mieux contrôler son entourage. D'une grande douceur et gentillesse en amour et dans ses relations amicales.

En négatif : attention à ne pas basculer dans une intransigeance extrême par souci de perfection.

Nombre de vie 6

On a affaire ici à un être dont le dévouement à autrui est sans limite. Rendre service et aussi se rendre utile en toute circonstance est, on peut le dire, le but et le sens de sa vie. Humble et d'une grande modestie, son seul défaut est peut-être de se sous-estimer un peu trop. La seconde partie de vie est souvent plus satisfaisante et stable que la première.

Nombre de personnalité 6

Doté d'une personnalité simple, sans détour, l'individu qui possède le **6** en nombre de personnalité, aime par-dessus tout sa sécurité et un mode de vie tranquille, confortable et sans histoire. Il ressent le besoin intense que l'harmonie règne autour de lui, tant dans sa vie en général que dans ses relations.

Nombre d'expression 6

Parfois un peu trop perfectionniste et sélectif, mais tellement attachant qu'on lui pardonne volontiers. Il devra cependant faire attention à une tendance à tout critiquer qui peut devenir vite insupportable.

Nombre d'âme 6

Sa plus grosse épreuve, sur laquelle il devra travailler sans relâche : arriver à exprimer ce qu'il ressent, ce qu'il désire, ce qu'il aspire à être…

Nombre de famille 6

Abnégation, serviabilité et engagement vis-à-vis de sa famille, il est irréprochable ! Mais qu'en est-il de ses désirs profonds ? Il semble bien qu'ils soient tout autres… Il doit essayer de les exprimer afin de pouvoir vivre pleinement et d'être heureux lui-aussi.

Nombre d'année personnelle 6

La personne en année **6** se trouve en quelque sorte à une croisée des chemins, des décisions à prendre, des changements se profilent à l'horizon et c'est là, cette année, que tout va se décider en fonction des actions engagées et des paroles données. Son attention, sa présence et sa disponibilité seront requises en permanence. Une année dynamique, riche en contacts où il ne lui sera pas laissé beaucoup de temps pour souffler un peu. Attention au surmenage.

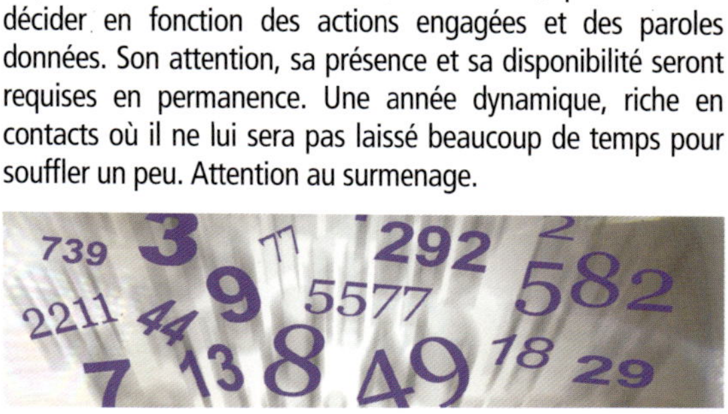

Nombre d'âme 2

Il ne peut vivre seul et ne conçoit pas la vie sans l'union. Si dévoué et dépendant de l'autre que ses désirs deviennent souvent ceux des autres ou de l'autre.

Nombre de famille 2

C'est dans son milieu familial que cet être puise la source de toute sa vie. Très conformiste et conservateur, il est attaché aux valeurs morales familiales.

Nombre d'année personnelle 2

Au cours de cette année, vous allez pouvoir constater les premiers résultats des initiatives prises en année **1**. En année **2**, vous devrez œuvrer en partenariat pour faire avancer les choses et compter avec les autres.

3 LA TRINITÉ OU LE CRÉATIF

C'est le nombre même de la communication et des échanges, des amitiés et des relations multiples. Sociable, curieux de tout, ingénieux et l'esprit toujours en alerte, il est doté d'une imagination créative sans limites.
En négatif : superficiel et « double jeu » mais aussi instabilité et versatilité surtout en amour.

Nombre de vie 3

Ce natif est un artiste-né, doté d'une imagination créatrice très riche mais il devra dompter son indiscipline, son instabilité et son inconstance pour ne pas mettre en danger ce grand potentiel. Toujours à l'affût de nouvelles découvertes, il adore voyager et aller au-devant de nouvelles cultures.

Nombre de personnalité 3

Une nature créative et inventive portée par un bel enthousiasme. Attention à un excès de sensibilité qui peut rendre un peu trop susceptible.

Nombre d'expression 3

Avec le **3** en nombre d'expression, on a affaire à un être très communicatif et mutable. Ce qu'il aime par-dessus tout, c'est le monde, l'échange avec les autres et la diversité.

Nombre d'âme 3

Le challenge sera ici d'être plus authentique et d'arrêter de jouer et de fuir toujours et encore. Oser se mettre à nu et révéler qui l'on est vraiment afin de s'accomplir pleinement.

Nombre de famille 3

Attaché à sa famille sans l'être réellement en apparence, il possède sa propre vision des choses, qui peut parfois être prise pour du détachement ou un manque d'affection. Il est en fait plus attaché à son foyer qu'il n'y paraît.

Nombre d'année personnelle 3

Être en année **3**, signifie avoir plus de liberté d'action et d'expression durant toute une année. Cette année fourmillera de contacts, de rencontres. Les artistes sont très favorisés durant cette période pour se révéler.

4 LA BASE OU LE FIDÈLE

Il symbolise le matériel, la matière, le réel et le concret. Avec lui, on est dans tout ce qui est opposé au spirituel et à l'imagination. Perfectionniste à l'extrême, rigueur et ordre sont ses maîtres mots. Tout est carré, mais il est aussi têtu, borné et immuable. Cela lui procure des qualités de fidélité et d'obstination qui lui permettent de construire sur du solide et du durable. Son objectivité lui est d'une grande aide dans son activité et il possède en outre une grande énergie qui lui donne le moyen d'arriver à ses fins. Sa détermination est aussi grande en amour.
En négatif : paresse et obstination. Puissance parfois illusoire.

Nombre de vie 4

L'être qui possède ce chemin de vie s'accomplira en édifiant peu à peu à force de travail et de volonté. Mais s'il reste tenace et volontaire, il pourra accéder à une belle réussite matérielle. Fidélité, stabilité et conformisme le caractérisent.

Nombre de personnalité 4

Avec le **4** en nombre de réalisation, on a affaire à quelqu'un d'extrêmement concret et de bien ancré dans la matière. Ses centres d'intérêt sont axés sur tout ce qui est matériel : l'argent, les biens, les possessions. Il aime se sentir à l'abri et les imprévus ou le manque le déstabilisent. Sa relation avec les autres est le plus souvent intéressée et avec lui rien n'est jamais gratuit.

Nombre d'expression 4

Celui qui possède ce nombre en expression est un être entier, fort et sans détour, qui ne sait pas dissimuler ou mentir. Avec lui, la vie est sans surprise, il aime la tranquillité, la stabilité et la sécurité. Il a le mérite d'être tenace et laborieux et de travailler sans relâche à son bonheur et celui des siens. Attention toutefois à la possessivité car, quand il aime, il ne partage jamais.

Nombre d'âme 4

Voici une âme belle et forte qui ne demande qu'à s'accomplir pourvu qu'elle trouve son équilibre et sa stabilité. Cet être ressent un besoin intense d'aimer et d'être aimé mais si, par malchance, il ne parvient pas à trouver cet équilibre il peut facilement par dépit tomber dans les plus grands excès.

Nombre de famille 4

L'attachement à ses origines, sa famille et son foyer est ici très grand. L'importance de ses racines et de son ancrage poursuivra cet être toute sa vie et il ne fera rien sans en tenir compte. Il en est dépendant.

Nombre d'année personnelle 4

Une année de travail et remplie d'activité qui ne vous laissera pas beaucoup de temps libre mais la récompense en sera un confort matériel assuré. C'est une année de construction à tous les niveaux et où l'argent et tout ce qui a trait au matériel revêt une grande importance.

ORIGINE DE LA NUMÉROLOGIE OU ARITHMOMANCIE ?

Numérologie signifie « *le langage des nombres* » et arithmologie signifie « *la divination par les nombres* ».
Selon Pythagore, mathématicien et mystique grec, « les nombres sont l'origine et le principe de toute chose ». Il a été l'un des premiers numérologues connus et pour lui les nombres étaient sacrés *car ils existent indépendamment de leur forme physique*.
La tradition de la numérologie remonterait aux Chaldéens. Elle fut ensuite représentée sous différentes formes à travers le monde et dans toutes les civilisations des Chinois aux Arabes en passant par les Hébreux, les Grecs ou les peuples d'Amérique latine.

Le saviez-vous ?

Les Égyptiens ont construit les pyramides en utilisant la numérologie. Les Chinois l'ont fait vivre à travers le *Yi King* et le *feng-shui*, les Hébreux avec la *Kabbale*, sans oublier également le *tarot* et l'*astrologie*.

LA TABLE D'INCLUSION

Cette table vous propose de découvrir quelles sont vos forces et vos faiblesses et vous indique quelle voie prendre pour essayer de les gérer au mieux. Vous devez pour cela déterminer les nombres absents et présents dans votre nom de famille et votre prénom, et en quelle proportion. Vous découvrirez aussi votre nature dominante et dans quel ordre se classent les différents aspects qui forment votre personnalité.
Les 4 aspects : **cérébral – intuitif – physique – émotif**

- Cérébral (l'intellect et la raison) = AHJNPGL
- Intuitif (inspiration) = KFQUYCV
- Physique (pratique et concret) = EWDM
- Émotif (créatif et affectif) = ORIZBSTX

Vérifiez également le nombre de lettres d'action et de passivité que vous possédez et vous saurez quel domaine vous devez vous employer à corriger.
Lettres d'action = CEJKLNOQSTVXZ
Lettres de passivité = BDFIMPRU

LE PROFIL OU THÈME NUMÉROLOGIQUE

Tout comme en astrologie, en numérologie on parle aussi de thème lorsqu'il s'agit d'étudier le profil d'une personne dans son ensemble. Les deux domaines les plus importants sont le chemin de vie et l'année personnelle. Les autres viennent affiner un profil et sont tout de même indispensables pour évaluer l'interaction qu'ils peuvent jouer, souvent très utiles pour corriger un chemin de vie ou le renforcer.

LA MÉTHODE DE BASE

On utilise le **prénom usuel** (simple ou composé), le **nom de famille** et la **date de naissance complète** d'une personne. Pour les lettres, on trouvera la valeur numérique correspondante dans le tableau de référence. La méthode consiste à réduire les sommes obtenues jusqu'à arriver à un chiffre compris entre 1 et 9 ou encore un nombre 11, 22 ou 33 (les maîtres nombres).

GRILLE UNIVERSELLE DE RÉFÉRENCE EN NUMÉROLOGIE

1	2	3	4	5	6	7	8	9
A	B	C	D	E	F	G	H	I
J	K	L	M	N	O	P	Q	R
S	T	U	V	W	X	Y	Z	

NOMBRE DE VIE (OU NOMBRE DU CHEMIN DE VIE)

Il nous renseigne sur notre destinée, notre volonté à nous réaliser, les épreuves rencontrées et les moyens à notre disposition pour les surmonter.

Comment le calculer ?

Ce nombre s'obtient en additionnant la date de naissance complète de la personne. Pour ce faire, vous écrivez la date en nombre.

- Exemple : *Une personne née le 2 mars 1959 :*
  2 + 3 (le mois de mars est le 3e mois de l'année) + 1 + 9 + 5 + 9 = 29 (on réduit) = **11**

En numérologie, *le 11 est un maître nombre,* la réduction s'arrête là puisque le 11 possède sa propre signification.

- Exemple : *Une personne née le 8 novembre 1934 :*
  8 + 11 (le mois de novembre est le 11e mois de l'année) + 1 + 9 + 3 + 4 = 36 = **9**

Cette personne possède un chemin de vie **9**.

NOMBRE DE PERSONNALITÉ (OU NOMBRE DE RÉALISATION)

C'est le nombre de nos réalisations sur le plan matériel et professionnel, c'est le nombre par lequel nous allons manifester notre personnalité et notre potentiel.

Comment le calculer ?

Ce nombre se calcule en additionnant toutes les valeurs numériques correspondant aux **consonnes** comprises dans le prénom usuel et le nom de famille de la personne. Isolez d'abord toutes les consonnes et cherchez leur valeur numérique correspondante dans la grille. Puis additionnez-les et réduisez afin d'obtenir un chiffre compris entre 1 et 9 ou bien 11, 22 ou 33.

- Exemple : Natacha Balland = 5 + 2 + 3 + 8 + 2 + 3 + 3 + 5 + 4 = 35 = **8**

Son nombre de personnalité est le **8.**

NOMBRE D'EXPRESSION (OU NOMBRE DU DESTIN)

Ce nombre exprime notre caractère et notre tempérament, notre façon de nous présenter aux autres ou comment nous leur apparaissons. Nos convictions, nos croyances, nos talents, notre vie relationnelle et sociale, tout est ici exprimé.

Comment le calculer ?

Ce nombre se calcule en additionnant toutes les valeurs numériques correspondant aux **lettres du nom complet** (prénom usuel et nom de famille).

- Exemple : Natacha Balland = 5 + 1 + 2 + 1 + 3 + 8 + 1 + 2 + 1 + 3 + 3 +1 + 5 + 4 = 40 = **4**

Son nombre d'expression est le **4.**

NOMBRE DE L'ÂME (OU NOMBRE INTIME)

C'est le nombre qui exprime ce que l'on tait, nos idéaux, nos rêves cachés ou nos capacités sous-jacentes. Notre domaine émotionnel sous toutes ses formes et notre façon de le manifester. Nos désirs, nos affections, notre sensibilité ou encore notre intimité mais aussi nos frustrations et nos désirs refoulés.

Comment le calculer ?

Ce nombre se calcule en additionnant toutes les valeurs numériques correspondant aux **voyelles** comprises dans le **prénom usuel** et le **nom de famille**.

- Exemple : Natacha Balland = 1 + 1 + 1 + 1 +1 = **5**

Son nombre d'âme est le **5.**

NOMBRE DE FAMILLE (OU NOMBRE D'HÉRÉDITÉ)

Il s'agit ici de tout ce qui se rapporte à l'hérédité.

Comment le calculer ?

Ce nombre se calcule en additionnant toutes les valeurs numériques correspondant à toutes les **lettres du nom de famille.**

- Exemple : Natacha Balland = 2 + 1+ 3 + 3 + 1 + 5 + 4 = 19 = 10 = **1**

Son nombre de famille est le **1.**

NOMBRE DE L'ANNÉE PERSONNELLE

Si la plupart de vos nombres comme celui du chemin de vie reste avec vous pour la vie, il en est un, celui de l'année personnelle, qui évolue selon un processus dynamique régi par un cycle de 9 ans, il va donc de 1 à 9.

Comment le calculer ?

Ce nombre se calcule en additionnant le **jour et le mois de naissance** d'une personne avec l'**année en cours**.

- Exemple : Une personne née le 2 mars 1959 : 2 + 3 + 2017 = 2 + 3 + (2+0+1+7) = 15 = **6**

Cette personne est donc en année personnelle **6.**

LA SIGNIFICATION DES NOMBRES

1 LE SOLAIRE OU LA VOLONTÉ

C'est le principe du symbole créateur, doté le plus souvent d'un caractère fort, audacieux et volontaire qui lui donne les capacités d'initiative nécessaires à se réaliser le plus souvent sans l'aide des autres. Des qualités de meneur et très souvent la solitude qui va avec. Jaloux, possessif et excessif surtout en amour.

En négatif : égoïsme, arrogance et obstination. N'hésite pas à sacrifier les autres au profit de son ambition.

Nombre de vie 1

De nature accommodante, il devra cependant apprendre à imposer ses idées originales et ses désirs et devra pour cela se battre. La vie du nombre **1** est souvent semée d'obstacles qu'il devra surmonter. Il sera toujours habité par un sentiment de solitude, même accompagné.

Nombre de personnalité 1

Profondément individualiste mais pas forcément pour autant indépendant. Peut manquer parfois de confiance en soi mais ses atouts sont sa vivacité d'esprit, son énergie et sa réactivité. Enthousiaste et très communicatif, il peut cependant se montrer susceptible et sans scrupules.

Nombre d'expression 1

Audace et confiance en soi sont les dominantes de celui qui possède le **1** en nombre d'expression. Il abandonne aussi vite qu'il s'emballe. Direct et franc.

Nombre d'âme 1

Voilà une âme forte, « tout feu tout flamme » qui peut se montrer exclusive et possessive. Une belle fougue qu'il faut canaliser afin d'éviter les débordements.

Nombre de famille 1

Un vrai petit chef, tout d'abord au sein de sa famille dans son enfance puis ensuite dans sa vie d'adulte, son activité et sa relation avec les autres.

Nombre d'année personnelle 1

Osez aller de l'avant car c'est un nouveau cycle de neuf ans qui redémarre. Les choix de cette année et l'orientation que vous donnerez à votre vie cette année seront cruciaux. C'est le moment ou jamais de savoir ce que vous désirez.

2 LE LUNAIRE OU LA SENSIBILITÉ

Symbolisant à la fois l'équilibre des opposés par ses qualités de calme, d'union et de communion, il peut être aussi signe de dualité et de discorde. Entre le oui et le non, le noir et le blanc, le bien et le mal, que choisir ? Il peut être capable d'un dévouement extrême. Très romantique et sensuel.

En négatif : indécision, passivité et égocentrisme.

Nombre de vie 2

Dévoué et d'une extrême sensibilité, cet être est solide, stable, sensuel et affectueux. S'il parvient à se libérer au cours de sa vie des tensions intérieures et relationnelles qui l'animent et le rendent craintif et méfiant envers le monde qui l'entoure.

Nombre de personnalité 2

Une personnalité sensible qui n'aspire qu'à vivre en harmonie avec son entourage. Aimer et être aimé est essentiel pour lui et surtout pour son équilibre.

Nombre d'expression 2

Son besoin affectif est immense et peut le rendre dépendant des autres ou de l'autre. Il est fidèle, chaleureux, aimant et capable d'un grand dévouement.

9 LA CONNAISSANCE OU LE MENTAL

Cet être qui a une âme de leader est fondamentalement logique, calme et empreint de sagesse. En constante recherche de la vérité, il est caractérisé par une forte personnalité charismatique, dévouée et altruiste. Des sentiments complexes et tourmentés souvent mal compris de ses partenaires ou relations amicales.

En négatif : douter de tout et avant tout de lui-même peut être un frein important.

Nombre de vie 9

Indépendant et idéaliste, il diffuse un enthousiasme contagieux autour de lui. C'est un voyageur-né, bien plus qu'un chemin de vie **7** car chez lui c'est un besoin vital pour être heureux. Charmant, attirant, convaincant, ignorant les échecs, il se relève toujours et avance, et il réussit finalement à se faire une « place au soleil ».

Nombre de personnalité 9

Un caractère généreux, chaleureux et humaniste, toujours prêt à conseiller ou aider son prochain matériellement ou physiquement. Il possède une personnalité attirante et magnétique et ne laisse personne indifférent

Nombre d'expression 9

D'une honnêteté et d'un sens de la loyauté à toute épreuve qui n'ont d'égal que sa tolérance. Il possède ses propres idées et convictions mais malheureusement ne les exprime pas toujours, ce qui peut donner l'impression qu'il n'en a pas en propre ou qu'il est plutôt soumis aux autres. Loin de là, mais il ne voit simplement pas la nécessité de les exprimer et c'est bien dommage. Peu importe son âge, il a la sagesse du vieillard. Il aime les livres et est fasciné par la connaissance de toutes choses.

Nombre d'âme 9

Une belle âme et un cœur pur, c'est ainsi que l'on pourrait le qualifier. Vif attrait pour la vie spirituelle et religieuse. Il y a cependant chez lui un fort besoin de se distinguer, de se marginaliser, de se donner des défis qui pimenteront son quotidien. Dons artistiques importants.

Nombre de famille 9

Celui ou celle qui a le **9** en nombre de famille, possédera toute sa vie un sens inné de la famille et des responsabilités lui incombant. Il aime les grandes familles et il n'est pas rare de le retrouver au sein de familles recomposées avec plusieurs enfants.

Nombre d'année personnelle 9

Cette année est l'année bilan du cycle de neuf ans qui vient de passer. L'année prochaine c'est un nouveau départ alors, cette année, on classe, on range, on se sépare, on laisse tomber ce qu'il n'y a plus lieu d'être. On voit souvent en année **9** des unions précaires ou finissantes se séparer définitivement. Les séparations se passent toujours mieux cette année-là car elles se font plus ou moins naturellement alors que les situations traînaient depuis des années.

LES MAÎTRES NOMBRES

Ils ne sont pour l'instant que 3 mais avec le 3e millénaire, nous allons voir apparaître d'autres maîtres nombres tels que les 44, 55 et 66. Ces maîtres nombres témoignent de l'évolution planétaire de l'être humain et de ses connections subtiles.

11 LA VÉRITÉ OU LA PUISSANCE

Le nombre de la vision multidimensionnelle, voir tout et même au-delà et tout passer au crible de la logique. Mature et souvent qualifié de « vieille âme », le nombre **11** est en recherche constante de vérité et semble parfois un peu déconnecté du reste du monde mais en apparence seulement car il est d'une rare lucidité.

En négatif : avec son tempérament autoritaire, il peut se retrouver encore plus seul qu'il ne l'est déjà.

Nombre de vie 11

C'est le nombre de la force intérieure, de l'inspiration et de la maîtrise. L'être qui possède ce maître nombre est doté d'un idéal élevé. Les caractéristiques du nombre **2** (**1** + **1**) sont ici amplifiées, les partenariats et les unions ne le sont plus au niveau du couple comme pour le **2** mais sont poussées à un niveau supérieur, au niveau de la communauté voire de l'humanité. Le **11** est une véritable antenne qui capte toutes les énergies autour de lui ce qui peut avoir pour conséquence de le déstabiliser s'il n'a pas une base solide. L'être est un visionnaire, il nous parle de mission et de transmission. À la recherche de la vérité universelle, il possède une force morale peu commune et un magnétisme qui ne laisse personne indifférent. Le **11** est aussi appelé le nombre du Messie ou du prophète, capable de canaliser les vibrations des plans subtils. Son atout pour mener à bien sa mission sera toujours la voie de la modestie car le risque est grand de se retrouver avec un ego surdimensionné qui le freinerait alors et l'entraînerait dans les épreuves.

Nombre de personnalité 11

Une personnalité hors du commun, très vite mature, d'un sérieux sur lequel on peut compter, cette personne met tout au service de son ambition et de sa réussite et elle réussit au-delà de toute espérance.

Nombre d'expression 11

Organisation, ordre et méthode sont ici des maîtres mots pour cet être discret en apparence. Ce qu'il cache ? Une grande ténacité qu'il met au service d'une ambition rare.

7 LE SPIRITUEL OU L'HONNÊTETÉ

Nombre de chance caractérisé par une loyauté et une honnêteté sans faille. Forte aspiration à l'harmonie spirituelle et à la justice. Vie intérieure, réflexion, analyse ont ici une place importante ainsi que l'imagination et l'intuition. Personne individuelle qui préfère être son propre maître. Fidélité et respect des sentiments.

En négatif : peut se montrer sévère, critique et vaniteux. Attachement parfois excessif aux règles strictes.

Nombre de vie 7

Un être charmant, conciliant, adaptable et en tous points agréable à vivre. Doué pour les études, imaginatif et artiste, il aime apprendre, rêver… c'est un idéaliste.Victime de son perfectionnisme qui l'empêche de passer à l'acte et peut-être aussi un peu de manque de confiance en lui. Il est parfaitement doué, il faut qu'il le sache, l'intègre en lui et le chemin de la réussite n'attend que lui !

Nombre de personnalité 7

Une belle intelligence comme la sienne a ses défauts et, en l'occurrence, son sens critique et son exigence envers les autres et surtout envers lui-même lui font faire du « sur place » ! Ses belles idées restent souvent à l'état de projets, faute de prise de décision.

Nombre d'expression 7

Son indépendance exacerbée en « surface », cache en réalité un besoin intense d'union qu'il veut parfaite, si parfaite qu'il la trouve rarement et, déçu, il préfère clamer son indépendance et son besoin d'être seul… Il doit absolument revoir « à la baisse » ses exigences utopiques s'il ne veut pas finir seul et malheureux.

Nombre d'âme 7

Ce nombre de sagesse incite à être en quête d'harmonie et d'équilibre et à aspirer au plus haut point à réaliser cela au sein de sa vie, de ses relations et de ses activités.

Nombre de famille 7

Le « terreau » où il a poussé, grandi et vécu, sa famille, a et aura toujours une grande importance tout au long de sa vie. Attaché à ses racines, il ne ressent pas forcément le besoin de fonder une famille lui-même et y consentira plus qu'il n'en ressentira le besoin. Mais finalement, il peut se retrouver très heureux à fonder lui-même un nouveau foyer, peut-être attendait-il simplement qu'on lui force la main ?

Nombre d'année personnelle 7

Cette année est marquée par la réussite et la réalisation ultime des projets que l'on s'est fixés et que l'on a semés. Des déplacements et des voyages sont à prévoir et si cette année est moins « fatigante » mentalement et physiquement que l'année précédente, ce n'est pas cette année que l'on va rester tranquillement chez soi, d'une manière ou d'une autre, elle est caractérisée par le mouvement, déménagement ou grands voyages.

8 L'INFINI OU L'INTENSITÉ

Les qualités, les dons ou les défauts sont ici intensifiés à leur maximum. Grande capacité à s'assumer sur le plan matériel et à attirer l'argent et la réussite. Caractère fort, excessif et sens de la discipline. Les relations sentimentales et amicales sont menées « à la baguette ».

En négatif : expose à des hauts et des bas ainsi que des ruptures importantes au cours de la vie. Attention au tempérament excessif et à l'avidité du pouvoir.

Nombre de vie 8

Un charme indéniable font de celui qui possède ce nombre en chemin de vie, une personne au pouvoir magnétique qui peut parfaitement jouer de son ascendance sur son entourage pour obtenir ce qu'il veut et quand il veut. Très attiré par le matériel et tous ses avantages, il réussit généralement dans ce domaine et se montre doué pour les affaires dès qu'il est question de gagner de l'argent. Son besoin de domination et de pouvoir peut être sans limite.

Nombre de personnalité 8

Très opportuniste, il fait confiance à ses intuitions et il a d'ailleurs raison car elles le trompent rarement. La belle énergie et les belles ressources physiques qui le caractérisent sont pour lui des atouts supplémentaires de réussite dans ce qu'il entreprend. Il sait gagner de l'argent et son entourage devrait s'en remettre à lui en toute confiance.

Nombre d'expression 8

On peut dire que, contrairement à certains, cet être ne vit pas dans sa tête ni dans ses rêves. Il agit tout de suite, ici et maintenant. Il fonce et, au grand dam de son entourage, il se trompe rarement ! Il est réellement doué pour les affaires et attire l'argent comme un aimant !

Nombre d'âme 8

« Vivre sans passion, autant ne pas vivre » pourrait être sa devise, tant tout ce qu'il fait est empreint d'intensité. C'est une personnalité forte, passionnée et entière ; il aime ou il n'aime pas, il ne souffre aucun compromis. Tout naturellement un tempérament comme le sien est possessif à l'extrême et vit très mal la perte de quelque chose ou de quelqu'un qui lui « appartient ».

Nombre de famille 8

Le moins que l'on puisse dire, c'est qu'avec un tel tempérament, ce n'est pas le nombre de famille idéal pour fonder un foyer réconfortant, paisible et traditionnel. S'il arrive à un moment de sa vie à se fixer, son partenaire devra accepter une vie de famille avec un petit côté « décalé » ou marginal.

Nombre d'année personnelle 8

Si l'année **7** précédente fut celle de la réussite, celle-ci n'a rien à lui envier mais est plus axée sur le plan matériel. Cette année, les questions d'argent seront au premier plan et facilitées : augmentations, héritages ou chance aux jeux, tout est possible.

Nombre d'âme 11

Une telle personne, en raison de son caractère austère, est souvent solitaire. Très indépendante, son défi est d'accepter de s'ouvrir aux autres et d'accueillir les idées nouvelles.

Nombre de famille 11

Responsable, constant et fidèle, voilà un être qui sait respecter ses engagements. Il peut se montrer long à s'engager car il a déjà analysé, avant tout le monde, tout ce à quoi il devra faire face. Mais lorsqu'il s'engage, il le fait avec sérieux et sans détour.

22 LA SAGESSE OU LA SOLIDARITÉ

Avec ce nombre, nous sommes en présence d'un humanisme exacerbé qui l'élève au-delà du quotidien. Le plus individualiste de tous les nombres et maîtres nombres, sa soif de liberté est sans limite.

En négatif : parfois déconcertant par son instabilité.

Nombre de vie 22

Celui qui possède le **22** en chemin de vie est un être hors du commun. C'est en se tournant vers les autres, au niveau du quotidien comme dans la réalisation de grandes œuvres humanitaires, qu'il trouve pleinement sa voie et sa mission mais cependant il restera toujours indépendant, anticonformiste, et semblera le plus souvent « intouchable », un peu extra-terrestre. Il ne ressemble à personne et ne se fonde dans aucun moule. Il vient, il aide, conseille, réalise pour le bien commun et le but obtenu, disparaît comme il est venu vers d'autres horizons. Rien ni personne ne peut entraver son besoin vital de liberté d'expression et de mouvement. Déconcertant pour son entourage, sa nature lui vaut autant d'amis que d'ennemis mais c'est en le laissant libre de toute entrave qu'il fera don du meilleur de lui-même et, peut-être plus confiant, se stabilisera car l'une de ses qualités est l'adaptation.

Nombre de personnalité 22

Sa personnalité serviable envers son entourage cache le plus souvent un besoin inavoué de dominer et d'imposer sa vision. C'est la personnalité de l'autodidacte par excellence, par refus de suivre quelque institution que ce soit.

Nombre d'expression 22

Une personnalité dynamique, sociable et hors du commun. Souvent très entouré, cette personnalité fascine, attire mais rien ni personne ne peut la « capturer ». Cet être aime être entouré et recherche même la compagnie d'autrui mais à condition qu'il se sente toujours libre de choisir, sinon il s'enfuit.

Nombre d'âme 22

Voilà une personne généreuse et bienveillante qui peut être un vrai leader pour créer et conduire des œuvres communes et solidaires. Une belle âme altruiste et tournée vers le bien commun.

Nombre de famille 22

Avec le **22** en nombre de famille, il faut s'attendre à une conception de celle-ci plutôt originale. Il n'impose pas de contrainte à ses membres et est tout simplement heureux de vivre entouré d'une famille la plus grande possible.

33 L'UNIVERSEL OU L'INTUITION

Ce maître nombre est le nombre des mystiques en quête spirituelle mais également celui des thérapeutes, des guérisseurs et des clairvoyants.

En négatif : le risque est grand de tomber dans l'illumination, tant les connections subtiles sont élevées.

Nombre de vie 33

Celui qui possède ce nombre en chemin de vie est profondément affecté par les malheurs et besoins des autres. Il faut éviter de rechercher la perfection ultime sous peine de tomber dans la dépression en raison aussi d'une sensibilité à fleur de peau. Lorsqu'un maître nombre devient de plus en plus élevé, on le réduira pour s'en remettre aux énergies vibratoires du nombre réduit en l'occurrence ici, le **6**.

Nombre de personnalité 33

On a affaire à un être généreux et d'une sensibilité à fleur de peau qui s'occupe des autres bien plus que de lui-même. Il donne de son énergie et de son temps sans compter pour aider et secourir les autres. Avec le temps, il devra comprendre que pour mieux aider les autres il devra d'abord prendre soin de lui et se ménager mais saura-t-il aller contre sa nature profonde ?

Nombre d'expression 33

On est ici dans le monde des sensations plus que dans celui du concret et de la logique. La personne ressent les choses et les êtres sans pour autant avoir besoin de s'exprimer mais agit en fonction. Il est de ces personnalités que l'on dit impalpables ou insaisissables mais tellement attachantes.

Nombre d'âme 33

Voilà une âme foncièrement bonne qui ne peut s'empêcher d'idéaliser le monde et qui bien sûr ne peut être que déçu. Mais cela ne le décourage nullement.

Nombre de famille 33

La famille est ici vécue comme un cocon protecteur où l'on aime se retrouver pour vivre et voir s'épanouir. Cet individu idéalise tellement la famille et les êtres qu'il aime, que toute séparation ou trahison est très mal vécue et lui laisse des blessures à vie.

ISBN 978-2-84259-844-0

9 782842 598440

Texte : Martina Krčmár - Photographie : Shutterstock
Dépôt légal : 1er trimestre 2017
PRINTED IN FRANCE